# Für meine liebe Mutter!
## Ein kleines Dankeschön!

# Gedichte

## Band 8

Nicole Sunitsch

Bibliografische Information der Deutschen Nationalbibliothek:
Die Deutsche Nationalbibliothek verzeichnet diese Publikation in
der Deutschen Nationalbibliografie;
detaillierte bibliografische Daten sind im Internet über
http://dnb.dnb.de abrufbar.

Herstellung und Verlag:
BoD – Books on Demand, Norderstedt

1. Auflage: März 2018
ISBN: 978-3-7460-9526-4


Titel/Idee: Nicole Sunitsch
Cover/Bilder: Nicole Sunitsch
Gedichte/Zitate: Nicole Sunitsch
Korrektorat: Nicole Sunitsch

# Für meine

## Liebe Mutter

♡ .................................... ♡

### von

........................................

# Inhalt

## Vorwort

Liebe Leser!

## <u>Wie mein Gedichtsbuch entstand</u>

Vor zwei Jahren schrieb ich mein erstes Gedicht, es gefiel mir sehr in jeder Hinsicht. Es lag lange in meiner Mappe, ohne dass ich gedanklich Zugriff hatte. Ein soziales Projekt brachte mir wieder die Idee und bereitete mir Bauchweh. Ich nahm meinen Stift in die Hand, schon war ein Gedicht fertig und anerkannt.
Aus den Gedichten wurden immer mehr, das freute mich sehr. Ich wollte die Gedichte nur für mich schreiben und die Öffentlichkeit damit meiden. Doch ich fand es einfach zu schade, denn es ist doch eine schöne Gabe, die ich habe. Vielleicht gefallen meine Gedichte der Welt, zahlen dafür ein wenig Geld. Und geht mein Buch nur durch wenige Hände, dann spricht das für mich schon Bände.

Vielleicht konnte ich euch einiges von der Seele schreiben und es hilft euch ein wenig bei euren Leiden. Ich weiß, es ist nur ein kleiner Trost, doch vielleicht lässt es für kurze Zeit eure negativen Gedanken los. Wenn ich das mit meinen Zeilen bewirken kann, dann hilft es in schwierigen Zeiten jedermann. Und wenn es nur wenige Menschen lesen, für mich sind sie besondere Wesen. Es zahlen zwar nicht alle Spesen, lest das Büchlein mit Herz und ihr versteht auch meine Thesen. Ich glaube, es ist für Jeden etwas dabei, als ich die Gedichte schrieb, machten sie mich frei.

Nun möchte ich nicht weiter schwanken, lest meine Gedichte, dann kennt ihr meine Gedanken. Das Büchlein soll euch Liebe und Glück bescheren, in keiner Weise belehren, sondern sich nur vermehren. Nun ist das Büchlein schon Band Acht, mein Herz beim Schreiben noch immer lacht. Ich freue mich über das achte Büchlein sehr und ich hoffe es werden von meinen Büchern noch viel mehr.

## Danke

Als erstes möchte ich dir danken, mit meinen Gedichten noch nicht weiter schwanken. Du hältst nun mein achtes Büchlein in deiner Hand, ich bin nur ein kleiner Autor und überhaupt noch nicht bekannt.

Du bist ein Mensch, der mich nicht kennt, aber auch nicht einem Bestseller hinterher rennt. Ich danke dir für deinen Kauf, vielleicht gibst du mir eine Bewertung darauf. Und wenn nicht alles perfekt geschrieben ist, hoffe ich, dass du mit deinem Herzen trotzdem dabei bist. Darüber würde ich mich sehr freuen, denn es werden noch weitere Bücher von mir folgen.

Vielleicht erzählst du mal von meinen Gedichten und sie sind ähnlich wie deine Geschichten. Nimm das Büchlein an schlechten Tagen wieder raus und vergiss nicht, gib dich niemals auf.

# Einfach mal Danke sagen!

Heute ist es an der Zeit,
ein Dankeschön für dich macht sich breit.
Ich überlegte sehr lang,
was ich dir für deine Liebe schenken kann.
All die Jahre warst du für mich da,
unsere Liebe zueinander ist
einfach wunderbar.

Mit keinem Geld der Welt kann ich dir zeigen,
die Liebe zu dir ist zu groß
deswegen werde ich dir ein Büchlein schreiben.
Dieses Büchlein ist für alle lieben
Mütter auf dieser Erde,
denn die Liebe zu ihren Kindern
ist so endlos wie die blauen Ozeane und Meere.

# Mutterliebe

Meine Liebe zu dir war immer schon groß, heute bin ich erwachsen, vor Jahren saß ich noch auf deinem Schoß. Wir gingen zusammen durch Eis und Wind, egal wie dick es kam, ich war immer dein Kind. Oft musste ich dir auch schlimme Sachen erzählen, ich wusste genau, das wird dich sehr quälen.

Du warst für mich da, hast mich immer gut bewacht, auch wenn es zwischen uns mal kracht. Ich spüre es einfach, dass du mich ganz innig liebst und mir immer wieder Hoffnung gibst. Das unterstützt mich in meinem Leben sehr, meine liebe Mutter, ich liebe dich sehr.

# Nicht immer leicht

Eine Mutter hat es nicht immer leicht,
oft der Mann von ihrer Seite weicht.
Sie für ihre Kinder ganz alleine sorgt,
auch wenn kein Geld da ist,
sie sich keinen Euro borgt.

Sie ist oft Vater und Mutter zugleich,
sie gibt uns die ganze Liebe,
macht unsere Herzen reich.
Sie stärkt uns durch ihre Liebe,
zeigt uns den Umgang mit
Rückschlägen und Hiebe.

Deswegen liebe Mutter danke ich dir
und gebe dir für all das
einen lieben Kuss von mir.

## Kein Geld der Welt

Kein Geld der Welt kann unsere Liebe beschreiben, wenn das die Engel wüssten, sie würden ihre Köpfe neigen. Kein Geld der Welt kann unsere Zeit miteinander ersetzen, wenn das Gott wüsste, würde er uns vielleicht sogar hetzen. Kein Geld der Welt kann dieses Band zwischen uns benennen, denn ich weiß nicht, ob diese innige Liebe viele Menschen kennen.

# Mit diesen Zeilen

Du hast mir schon so vieles gelehrt,
egal was ich machte,
du hast mich immer verehrt.
Zwischen uns Kindern hast du nie mit zweierlei
Maß gemessen, du warst von deinen Kindern
immer gleich besessen.

Wenn ich dich sehe, tust du mir gut,
geht es mir schlecht, du gibst mir den Mut.
Hast du mir was zu sagen,
sind deine Worte ganz klar,
mit Ehrlichkeit ohne Lügen, so wunderbar.

Ich konnte mich auf dich mein
ganzes Leben verlassen,
du hast mich noch nie im Stich gelassen.
Nach all den Jahren möchte ich es wagen
und dir mit diesen Zeilen einfach mal
„Danke" sagen.

# Noch viele Jahre

Mutterlein, ich mag dich sehr, 39 Jahre ist es her. Ich war mal in deinem Bauch, deine Stimme ganz leise wie zarter Hauch. Deine Hand streichelte über meine Wangen, sofort war es da, das Verlangen. Meine Finger waren ganz lang, jeder glaubte, dass ich sicher einmal Klavier spielen kann.

Nach und nach fing ich zu laufen an, du hast an mich geglaubt und wusstest, dass ich das kann. Heute nach 39 Jahren gehen wir nebeneinander spazieren, denken an die Jahre zurück, können es kaum realisieren.

Zu schnell sind die Jahre vergangen, doch es war immer da, das Verlangen. Das Band zwischen uns wird man immer sehen, denn wir werden uns noch viele Jahre Liebe geben.

# Verbundenheit

Wenn du traurig bist,
reicht mir ein kurzer Blick in deine Augen,
es gibt nichts Schöneres,
als dich anzuschauen.
Deine Traurigkeit geht ganz langsam vorbei,
wir sind miteinander verbunden,
unsere Herzen, wir Zwei.

Wir bringen uns gegenseitig zum Lachen,
wir können sehr viel gemeinsam machen.
Zusammen macht uns die Liebe stark,
ich sie immer in meinem Herzen trag.
Mit der Liebe meistern wir das Leben,
es ist die Verbundenheit,
die wir uns durch die Liebe geben.

Deswegen sollten wir die Liebe immer wieder
zeigen, denn dann wird die Verbundenheit
zwischen Mutter und Kind immer bleiben.

# Mutterglück

Muttertag sollte jeden Tag sein, nicht nur einmal im Jahr ein Geschäft mit Überschrift und besonderen Zeilen. Vielmehr sollten wir uns wieder Zeit schenken, um vom ganzen Konsumverhalten etwas abzulenken. Die Zeit miteinander so richtig genießen, ein schöner Tag mit liebevollen Worten soll uns berieseln. Vielleicht ist dieser Ansatz wieder ein Schritt zurück, doch was braucht es schon mehr für das Mutterglück.

## Rose

Du trägst das Zeichen der Liebe in dir,
egal welchen Raum du betrittst,
ist die Liebe auch hier.
Du bist so edel und weise,
egal zu welcher Zeit,
die Liebe versendest du ganz leise.

Deine Gestalt ist einfach so elegant,
egal wo, du wurdest immer erkannt.
Du erfreust die Menschen mit deiner Pracht,
egal welche Farbe, mein Herz dabei lacht.
Du bist einfach die Blume der Herzen,
egal wie, doch du vertreibst
Kummer und Schmerzen.

Heute möchte ich dir „liebe Mama" all diese
Eigenschaften schenken, denn beim Anblick
der Rose muss ich immer an dich denken.

## Die Beste

Meine Mutter ist die Beste, deswegen gratuliere ich dir zu deinem Feste. Muttertag ist zwar nur einmal im Jahr, doch ich finde dich jeden Tag ganz wunderbar. Viele schenken sich an diesem Tag materielle Dinge, doch das ist überhaupt nicht in meinem Sinne. Viel lieber schreibe ich dir diese lieben Zeilen, in Gedanken an dich würde ich am liebsten noch verweilen. Zu diesen Zeilen schenke ich dir noch ein kleines Blümchen dazu, ich wünsche dir einen wunderschönen Tag, denn meine liebste Mutter bist du.

# Einige Zeilen

Mit diesen Zeilen möchte
ich dir danke sagen,
mit liebevollen Zeilen,
dir ein „ich hab dich" lieb zu wagen.
Kein Geschenk der Welt könnte ich dir
schenken, nur um abzulenken.
Deswegen liebe Mama,
schreibe ich einige Zeilen mehr,
denn ich liebe dich einfach sehr.

# Ich bin stolz auf dich

Viel zu viel hast du für andere getan, keiner fragte dich, wie, was, wann? Du konntest vieles nicht akzeptieren, doch du musstest immer funktionieren. Egal ob bei deinen Kindern, Schwestern oder deinem Mann, es gab kein nein, nur ein ich kann. Gebracht hat dir das all die Jahre nicht viel, denn du wurdest schwach und das war gar nicht dein Ziel. Jahre vergingen, ich hörte dich oft traurige Lieder singen. Du hast gearbeitet wie ein Knecht, deswegen haben die Leute vor dir heute noch Respekt.

Mittlerweile hast du alles Schlechte hinter dir gelassen, du sagst auch nein, wofür dich andere sogar hassen. Du gehst jetzt deinen Weg ohne Steine, du bist zufrieden mit dir und trägst in dir das Reine. Liebe Mama, deswegen bin ich sehr stolz auf dich, du hast es geschafft, ganz ohne mich.

## Lass einfach los

Ich weiß,
du machst dir oft große Sorgen um mich,
dafür liebe ich dich.
Doch ich bin schon so groß,
ich schaffe das schon,
Mama, lass einfach los.
Liebe Mama,
du hast dein eigenes Leben,
wichtig ist, dass ich weiß,
du würdest für mich immer alles geben.

# Nicht jeder Mensch

Egal was passiert,
ich kann mich an dich wenden,
ich könnte dich mit meinem schönsten
Lächeln nicht blenden.
Du reichst mir immer deine Hand,
war ich kurz traurig,
du hast es sofort erkannt.
Nicht jeder Mensch hat so viel Glück wie ich
und dafür liebe Mama,
liebe ich dich.

## Sehr nah

Egal was wir zusammen machen,
wir Spaß haben und ganz viel lachen.
Ob Einkaufen oder ab in die Therme,
wir machen viel gemeinsam
und das unheimlich gerne.
Wir haben die gleichen Herzen,
geht es einem nicht gut,
wir spüren die Schmerzen.
Wir stehen uns einfach sehr nah,
das finde ich in unserer Mutter-Tochter
Beziehung so wunderbar.

# Was immer bleibt

Kein Tag vergeht, wo ich an dich denke,
ich dir nicht immer meine Liebe schenkte.
Wir sehen uns nicht immer so oft,
hätte ich mir mehr schöne Momente erhofft.

Keine Woche vergeht, wo ich an dich denke,
ich ein liebes Wort zu dir lenke.
Oft noch nicht ganz ausgesprochen,
jeder Bann der Traurigkeit gebrochen.

Was immer bleibt ist ein Lächeln in deinem
Gesicht, Mama ich liebe dich.

## Für ewig

Du und ich halten zusammen für ewig,
denn nur dann sind unsere Seelen selig.
Hab keine Angst um mich,
pass gut auf dich auf,
denn du weißt,
dass ich dich noch lange brauch.

# Mutter

Dein Herz so warm,
du hilfst mir immer sofort,
egal wo ich bin
und an welchem Ort.

Schon in meiner Kindheit warst
du immer für mich da, von früh bis spät,
wusste ich was nicht,
du hast es mir gezeigt, wie es geht.

War ich traurig,
war auch dein Herz leer,
liebe Mutter,
deswegen liebe ich dich so sehr.

# Eins ist klar

Liebe Mutter,
eins ist klar,
ich war von Anfang an verliebt in dich,
als ich dich sah.
Solche Mütter wie du sind sehr rar,
deswegen finde ich dich wunderbar.
Ich hoffe, wir erleben noch viele Jahre,
ich bin so froh,
dass ich so eine liebe Mutter habe.

# Meine Hand

Ich reiche meine Hand zu dir,
sie übergibt dir Freundschaft
und Liebe von mir.
Ich gebe dir die Hand, so oft du sie brauchst,
auch wenn du nur leise darum hauchst.
Meine Hand wird dich halten
und gibt dir Licht,
auch wenn sie nicht zu dir spricht.

Hast du Not und Sorgen,
werde ich meine Hand dir borgen.
Wir reichen uns die Hände,
das haben wir uns geschworen,
denn durch diesen Kontakt
wurde unsere Liebe geboren.

# Es ist …

Es ist noch so vieles was ich dir erzählen will,
die Zeit ist oft zu kurz,
wir sitzen da ganz still.
Wir schauen uns an, reden über so viele Dinge,
reden und zuhören erweitert uns die Sinne.

Gute Gespräche führen,
ohne ein falsches Wort zu riskieren.
Zusammen lachen oder weinen,
negative Menschen einfach meiden.

All das genieße und schätze ich wirklich sehr,
denn ich weiß,
irgendwann gibt es das nicht mehr.

# Mutter und Kind

Wir gehen zusammen im Wald spazieren,
ohne uns gegenseitig zu kritisieren.
Wir halten uns an der Hand
zwischen uns ein starkes Band.

Wir genießen die Sonne,
um uns ist alles eitle Wonne.
Wir reden viel, sind ganz unbeschwert,
kein Wort ist bei uns Zwei verkehrt.

Wir beide lieben uns einfach so,
verstehen uns blind,
denn das ist so,
bei Mutter und Kind.

# Mutterherz

Wir unternehmen zusammen ganz viel,
schöne Momente erleben, ist unser Ziel.
Gemeinsamkeiten zu teilen,
in schönen Erinnerungen noch etwas verweilen.

Kindisch sein, zusammen lachen
und Blödsinn machen.
All das gehört auch im hohen Alter dazu,
denn ein Mutterherz kommt
noch früh genug zu Ruh.

# Wir sind nicht ...

Wir sind nicht anders und nicht kalt,
doch wir durchschauen die Menschen
und das bald.

Wir sind nicht anders und nicht zu alt,
doch wir geben uns Zwei ganz viel Halt.
Wir sind nicht mutiger als die anderen,
doch wir wollen nicht noch bekannter werden.
Wir sind nicht stärker als die Masse,
doch wir gehören zu einer anderen Rasse.

Eine Rasse wie du und ich,
die gibt es fast nicht,
dabei meine ich meine Mutter und mich.

# Ich bin wie du

Wir sind ehrlich, haben viel Herz,
deswegen spüren wir mehr Schmerz.

Wir sind gerade, sehr oft heiter,
haben eine andere Lebensleiter.

Wir sind direkt, oftmals auch hart,
doch mit liebevollen Worten wird nicht
gespart.

Wir sind so, wie wir sind,
Mama, ich bin wie du, dein Kind.

## Lass los

Lasse es los,
was ist nur los?
Du kannst ruhig weinen
und wenn dir danach ist,
auch schreien.

Lasse es los,
ich weiß,
deine Sorgen sind groß.
Ich kann deine Sorgen nicht messen,
aber die Zeit wird dir helfen, zu vergessen.

Lasse es los,
ich weiß,
das ist nur ein kleiner Trost.
Doch ich bin bei dir
und wenn du willst,
bleibe ich noch länger hier.

Du legst deinen Kopf in meinen Schoß,
lasse es los, los, los ...

## Du bist so

Du bist für mich einfach so,
so nah und nirgends anderswo.
Du bist bei mir einfach so,
darüber bin ich wirklich froh.
Du bist mein Rückgrat einfach so,
du hilfst mir immer, egal wo.

Und dafür liebe Mutter möchte ich dir einfach
danke sagen, so einen wundervollen Menschen
wie dich in meiner Nähe zu haben.

# Gespräche

Gespräche können oft so innig sein,
du fühlst dich hinterher nicht mehr
wie ein Stein.

Man kann sich sehr viel von der Seele
sprechen, auch dabei das Gegenüber
unterbrechen.

Wir reden immer weniger miteinander,
doch nur durch Gespräche finden wir
zueinander.

Zeit und Gespräche mit deinen Lieben,
das wurde schon früher als sehr wertvoll
beschrieben.

Und deswegen nehme ich mir so gerne Zeit für
meine Lieben, denn nach dem Gespräch
fahre ich immer glücklich von ihnen,
ohne zu lügen.

# Zu schnell enttäuscht

Vielleicht bist du viel zu schnell gekränkt,
nur weil dir nicht gleich jeder ganz viel Liebe
schenkt.

Vielleicht bist du viel zu schnell verletzt,
nur weil manchmal wer gegen dich hetzt.
Vielleicht bist du bei gewissen Aussagen
zu empfindlich und sensibel,
doch das Leben ist nicht immer wie eine Bibel.

Vielleicht nimmst du oft was zu ernst,
doch es gibt auch Momente,
woraus du davon lernst.
Vielleicht sollten wir vielmehr hinweg sehen
und es würde uns ganz einfach besser gehen.

Liebe Mama, vielleicht nimmst du dir aus
diesen Zeilen was mit, vergiss nicht,
ich hab dich lieb.

## Wunderbare Menschen

Du erkennst sie an ihren Augen,
sie werden dich anders anschauen.
Du erkennst sie an ihrem Lächeln,
sie werden dich nie belächeln.
Du erkennst sie bei der Umarmung,
denn das ist die Offenbarung.

Solche Menschen sind sehr selten und rar,
deswegen bist du liebe Mama so wunderbar.

# Glaube an dich

Glaube an dich,
denn ich liebe dich.
Verzage nicht ohne mich,
denn ich liebe dich.

Vertraue mir,
denn das tue ich auch bei dir.
All das liebe ich an dir,
denn unsere Liebe ergibt das „Wir".

## Weißt du was ...

Weißt du was,
dass du ganz was Besonderes hast.
Weißt du was,
dass du was ganz Einzigartiges hast.

Weißt du was,
ich bin so froh,
dass es zwischen uns so passt.
Weißt du was,
das Leben mit dir macht einfach Spaß.

Viele Menschen kommen zu mir und sagen,
weißt du was,
dass du eine tolle Mutter hast!

## Danke Mama

Du bist immer zu mir gestanden,
wo sich viele Menschen von mir abwandten.
Du warst immer für mich da,
ganz egal, was war.

Ich bin sehr froh,
dich in meiner Nähe zu wissen,
deine Liebe zu mir möchte ich niemals missen.

Mit diesem Schritt möchte ich es endlich
wagen, dir mein liebes Mütterlein,
ich liebe dich zu sagen.

# Egal

Egal was ich machte,
so manch einer über mich lachte.
Für dich war ich immer dein Kind,
du verteidigst mich auch bei Gegenwind.

Egal wo ich gerade stand,
du hast immer das Besondere in mir erkannt.
Für dich war ich immer dein Sonnenschein,
egal wie alt, ob groß oder klein.

Egal wie viel Geld ich hatte,
Reichtum war für dich wie Watte.
Du gabst mir zu jeder Zeit,
stets ein Gefühl von Geborgenheit.

Und deswegen liebe Mama kann ich
dich gar nicht oft genug drücken,
denn alleine wenn ich dich sehe,
wirst du mich immer wieder entzücken.

## Muttertag

Es ist einer der wichtigsten Tage im Jahr,
es ist unsere Mutter,
die uns von Anfang an sah.
Gut behütet und mit Liebe erfüllt,
stets von Geborgenheit umhüllt.
Für dich gab es lange Zeit nur mich,
all die Arbeit war für dich selbstverständlich.
Du warst immer mit einem Auge bei mir
und hattest mich ständig im Visier.

Noch heute lernst du mir so viel,
nicht immer war es mit mir ein Kinderspiel.
Du hast mir oft meine Grenzen gezeigt,
von Ausflügen warst du nie abgeneigt.
Die Erziehung war streng und klar,
dafür bin ich dir heute noch dankbar.
Es vergeht Jahr für Jahr
und du bist mir immer noch so nah.

## So schön

Eine Umarmung und ein liebes Wort,
stets zur Hilfe und zwar sofort.
Immer ein offenes Ohr,
auch wenn ich dich kurz aus den Augen verlor.
Wenn ich dich brauche, bist du sofort da,
das finde ich einfach nur wunderbar.
Für all die Jahre möchte ich dir danken,
du gabst mir immer wieder neue Chancen.

Für dich bleibe ich ewig dein Kind,
du vertraust mir einfach blind.
Egal was ich tue, du bist stolz auf mich,
deine Liebe zu mir ist unendlich.
Es ist so schön,
eine Mutter wie dich zu haben
und dafür liebe Mama,
möchte ich dir einfach mal danke sagen.

## Viel mehr

Mama, ich hab dich so lieb,
viel mehr als ich in meinen
Gedichten, je beschrieb.
Geht es dir mal schlecht,
sollst du immer an meine Worte
denken, egal wo ich bin,
ich werde dir immer meine
Liebe schenken.

Mama, du bedeutest mir so viel,
bei dir kann ich immer sein wie ich will.
Du kennst mich von klein an,
deine Liebe hat es mir
immer schon angetan.
Wir Zwei passen zusammen in allen
Lebenslagen, das Rezept dafür ist,
dass wir uns von Anfang an,
die Liebe gaben.

# Immer dein Kind

Liebe Mutter,
mache dir keine Sorgen um mich,
du weißt, ich liebe dich.

Weine nicht um mich,
auch wenn ich kurz von deiner Seite wich.
Sei nicht traurig ohne mich,
in meinem Herzen ist immer ein Platz für dich.

Egal wo wir Zwei sind,
vergiss nicht,
ich bleibe immer dein Kind.

# Wieso?

Wieso ist deine Welt oft leer,
das Leben ist so schön, nicht schwer.
Wieso machst du dir so viele Sorgen,
Mama, denke nicht zu viel an Morgen.

Wieso denkst du oft so viel nach,
meine Augen sind stets wach.
Wieso kränkst du dich oft so,
habe keine Angst,
ich bin bei dir, egal wo.

## Du hast ...

Du hast auf mich geschaut,
du hast immer auf mich gebaut.
Du hast immer an mich geglaubt,
du hast mir immer vertraut.

Durch dich stehe ich heute da,
wo ich jetzt bin,
dein Glaube an mich,
machte mich stark und gab mir einen Sinn.

Den Sinn auf die Liebe zu bauen,
umso immer weiter nach vorne zu schauen.
Denn ganz egal, wo ich stand,
du hast in mir immer das Richtige erkannt.

## Vor Jahren

Vor Jahren noch auf deinen Armen,
wir Zwei in einem Bettlein lagen.
Gut behütet jede Nacht,
meine liebe Mutter über mich wacht.

Fürsorglich und immer da,
sie jeden Kummer in meinen Augen sah.
Liebevoll und immer an meiner Seite,
Mutterliebe hält ewig
und sieht auch das Weite.

## Gabe

Großherzig und aufopfernd all die Jahre,
das ist das Geschenk an mich,
ich nenne es Muttergabe.
Unterstützend und interessiert immerzu,
das ist eine Muttergabe, die hast du.

Barmherzig und verständnisvoll
zu deinen Kindern,
deine Muttergabe lässt Leiden
und Schmerzen lindern.

All diese Liebe über so viele Jahre,
meine Mutter ist für mich die schönste Gabe.

# Noch so klein

Mein Mütterlein
und ich noch so klein,
so winzig sind die Füßlein.
Immer größer wurden meine Schritte,
hörte ich oft nicht auf deine Bitte.

Verzeih mir alle Fehler in unserer Zeit,
doch damals war ich noch nicht soweit.
Heute kann ich dich verstehen,
deine Richtung wollte ich nicht sehen.

Doch es ist alles gut gegangen,
wir Zwei verstehen uns,
sind ganz oft beisammen.
Was will man mehr wenn die Kinderherzen im
Alter noch für die Mutter schlagen,
denn darüber können wir uns wirklich nicht
beklagen.

## Wundervolle Kinder

Deine Auswahl bei den Männern
war immer sehr gewagt,
das hat dir damals schon
deine Mutter gesagt.

Sorgen, Schmerzen und Leid
warteten auf dich,
die Väter ließen dich immer im Stich.

Doch die Liebe zu uns wurde
nicht geringer,
denn heute hast du zwei Mädchen
und sie sind wundervolle Kinder.

## Glaube an dich

Glaube an dich,
denn ich liebe dich.
Verzage nicht ohne mich,
denn ich liebe dich.

Vertraue mir,
denn das tue ich auch bei dir.
All das Mama liebe ich an dir,
denn unsere Liebe ergibt das „Wir".

# Meine Hand

Ich reiche meine Hand zu dir,
sie übergibt dir ganz viel Liebe von mir.
Ich gebe dir die Hand so oft du sie brauchst,
auch wenn du nur leise darum hauchst.
Meine Hand wird dich halten
und gibt dir Licht,
auch wenn sie nicht zu dir spricht.

Hast du Not und Sorgen,
werde ich meine Hand dir borgen.
Wir reichen uns die Hände,
das haben wir uns geschworen,
denn durch meine Geburt wurde
unsere Liebe geboren.

# Mama

Ich liebe dich so sehr, meine Liebe wird von Jahr zu Jahr immer mehr. Sie ist so furchtbar groß, überschüttet mit Liebe lässt sie meine Gedanken nicht los.

Du bist so einzigartig und voller Güte, für mich bist du so schön wie eine Blume in voller Blüte. Du hast so viel Ruhe und bist stets gelassen und kannst dich sehr gut anpassen.

Ich beschreibe dich als zuverlässig und ortsansässig. Du bist sehr einfühlsam und liebevoll, deine handwerkliche Begabung finde ich mehr als toll.

Du bist so fleißig und hilfsbereit, begegnest Menschen ohne Neid. Für mich bist du so sehr liebenswert, du wirst auch von vielen Menschen verehrt.

Dein Wesen ist sehr unkompliziert, du hast dein ganzes Leben funktioniert. Du lebst für deine Kinder und das jeden Tag, das ist das, was ich an dir so sehr mag.

Du lässt es uns spüren bei jedem Wiedersehen, ohne ein Küsschen werden wir nie auseinandergehen. Dieses Verhältnis ist für mich sehr kostbar, das schätze ich 365 Tage im Jahr.

Ich hoffe du bleibst noch lange gesund, dazu zähle ich nicht jedes Pfund. Für mich ist es wichtig, dass sich unsere Herzen so nah bleiben, unsere Liebe können wir der ganzen Welt zeigen.

Für manche ist das vielleicht verrückt, doch es ist meine Mama, die mich immer mit ihrer Liebe beglückt. Es besteht zwischen uns ein intensives Band, es ist die Liebe zwischen Mutter und Tochter, so haben sie es früher auch schon genannt.

# Dein Herz

Dein Herz ist voller Wärme,
ich spüre es aus der Ferne.
Dein Herz ist voller Güte,
so wunderschön wie eine Blüte.

Dein Herz hat für viele Menschen Platz,
das ist mehr wert, als jeder Schatz.
Dein Herz ist voller Liebe,
es hält dich am Leben wie ein Getriebe.

Dein Herz ist so stark,
dass ist das, was ich an dir so sehr mag.
Dein Herz leuchtet und blendet
in der Hoffnung, dass dies niemals endet.

Soviel Herz und das hast du,
deswegen gebe ich dir mein Herz dazu.
Nun haben wir zwei Herzen,
sie erstrahlen zu zweit viel weiter,
wie das Licht von Kerzen.

Wir wärmen uns gegenseitig
und bleiben uns nie etwas streitig.
Wir brennen füreinander
und das ist unser Miteinander.

# Oft schwer

Mütter tun sich oft schwer,
die Last wird grösser,
die Arbeit immer mehr.
Sie bemühen sich ständig um ihre Kinder,
egal ob Sommer oder Winter.
Sie verzichten auf so viel,
dass aus uns was wird ist ihr Ziel.
Sie machen sich um uns Sorgen,
wenn sie könnten würden sie uns
einen Schutzengel borgen.

Wir können mit ihnen über alles reden,
Traurigkeit würden sie auch sofort sehen.
Doch wir konnten es früher noch nicht
begreifen, wir waren zu jung,
mussten erst reifen.
Jetzt wo wir selber Kinder haben,
verstehen wir es mehr,
deswegen lieben wir unsere Mütter sehr.

## Zwei Herzen

Mama ich danke dir,
durch dich geboren,
deswegen bin ich hier.
9 Monate war ich in deinem Körper,
nicht immer ging es dir gut,
was ich später noch erörter.

Doch nach der Geburt war alles vorbei,
du warst einfach nur glücklich,
denn wir waren jetzt Zwei.
Zwei Herzen ganz gleich,
zwei Seelen mit viel Liebe so reich.

Die Jahre vergingen,
doch es ist heute noch so,
unsere Herzen für einander singen.
Ich spüre deine Liebe immer,
egal an welchem Ort oder in welchem Zimmer.

Deswegen bin ich so dankbar,
so eine liebevolle Mutter wie dich zu haben
und dafür Mama möchte ich dir
einfach mal „Danke" sagen.

# Tag für Tag

Du begleitest mich, Jahr für Jahr,
bist für mich immer da.
In schwierigen Zeiten unterstützt du mich,
als so manch Freund von meiner Seite wich.
Du machst mir Mut, Monat für Monat,
kommst zu mir mit Kuchen oder Donat.
In dunklen Stunden gibst du mir Licht,
hilfst mir mit Ratschlägen
und Worten aus deiner Sicht.

Wir telefonieren, Woche für Woche,
kommst mich besuchen, ich für dich koche.
Wenn ich traurig bin,
nimmst du mich in den Arm,
danach geht es mir immer gleich besser,
mein Herz wird ganz warm.
Ich denke an dich, Tag für Tag,
ich bin so froh,
dass ich so eine liebe Mutter hab.

## In aller Ewigkeit für meine Schwiegermutter

Du bist meine Mutter, mein Leben, mein Licht, aus tiefster Verehrung schreibe ich nun dieses Gedicht. Du hast mir Wärme geschenkt und tiefstes Vertrauen, auf dich konnte ich allezeit bedenkenlos bauen.

Jetzt bist du ein Engel, ich vermisse dich sehr. Seitdem du ins Licht gingst, ist alles so schwer. Tagtäglich Gedanken, sie gelten nur dir. Ich wünsche mir innig, du wärst wieder hier! Ich gehe nun weiter und muss es verschmerzen; trag dich, meine Mutti, für immer im Herzen.

# Nachwort

Liebe Mütter!

Ich hoffe, ich konnte Sie mit einigen Gedichten berühren, haltet dieses Büchlein in Ehren, denn es wurde Euch von Euren Kindern geschenkt und das heißt, dass sie Euch lieben und jedes einzelne Kind, an Euch denkt.

Vielen Dank fürs Lesen.
Die Autorin Nicole Sunitsch

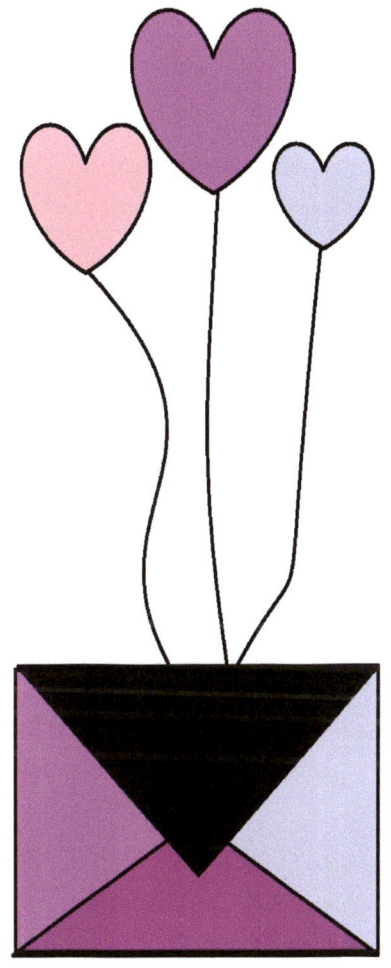

# Meine Bücher